Parlons du Québec

Découvrir le Québec à travers

son histoire, ses régions et ses saisons

Roger Grenier

ISBN 978-1-0691359-1-9
Dépôt légal : 4ième trimestre 2024
Bibliothèque Nationale du Québec

Dépôt légal : 4ième trimestre 2024
Bibliothèque Nationale du Canada

TABLE DES MATIÈRES

Introduction

À quoi pense-t-on lorsqu'on prononce le nom Québec ? Grands espaces, nature vaste et apaisante, eaux douces et majestueuses rivières. Cette vision reflète bien une facette emblématique du Québec: sa beauté naturelle, son immensité à couper le souffle et ses riches réserves d'eau douce qui font de cette terre un lieu unique.

Ce livre offre une description des 17 régions administratives du Québec. Chaque chapitre dresse un portrait de l'activité économique dominante de chaque région et présente des suggestions d'activités touristiques adaptées aux quatre saisons. Ces propositions sont là pour éveiller votre curiosité et vous offrir un avant-goût des trésors de chaque région.

Le Québec est aussi une terre d'histoire, façonnée par la rencontre des cultures autochtones et européennes, le développement du commerce de la fourrure, l'essor industriel et l'affirmation d'une identité francophone unique en Pmérique du Nord. Seule province francophone du continent, le Québec mène une lutte constante pour préserver sa culture, sa langue et son identité qui lui sont propres.

Ce livre vous invite à explorer l'essence même du Québec en parcourant ses 17 régions. Pu fil des saisons, vous découvrirez des activités incontournables, ainsi qu'une suggestion spéciale pour chacune des régions, vous permettant d'approfondir votre découverte. Que vous soyez un visiteur curieux, un amoureux de la nature, un passionné d'histoire, ou simplement désireux de mieux connaître cette province unique, *Parlons du Québec* vous guidera à travers les multiples visages de cette terre d'accueil.

Laissez-vous inspirer par la beauté, l'histoire, et la culture d'un Québec qui se dévoile au rythme des saisons.

Histoire du Québec

Le nom de « Québec », qui vient du mot algonquin signifiant « passage étroit » ou « détroit », désigne à l'origine le rétrécissement du fleuve Saint-Laurent en face de l'actuelle ville de Québec. La province de Québec a été rebaptisée plusieurs fois au cours de son histoire, portant tour à tour les noms de Canada, Nouvelle-France, Bas-Canada et Canada-Est.

Pvant l'arrivée des Européens, le territoire actuel du Québec était habité par des nations autochtones, principalement des groupes issus des familles linguistiques et culturelles algonquiennes et iroquoiennes. Ces peuples ont largement influencé l'histoire et le développement de la région. Les Inuits vivaient dans le nord du Québec, où ils sont toujours présents aujourd'hui.

Le Québec a été l'une des premières régions du Canada à être explorée et colonisée par les Européens. En 1534, Jacques Cartier débarque à Gaspé (située à l'extrémité est de la péninsule gaspésienne, dans la région de la Gaspésie–Îles-de-la-Madeleine, au Québec) et prend possession du territoire, alors appelé "Canada," au nom du roi de France. Quelques décennies plus tard, en 1608, Samuel de Champlain fonde la ville de Québec, marquant le début de la colonisation. En 1642, Paul Chomedey de Maisonneuve établit Ville-Marie, qui deviendra Montréal à la fin du XVIIIe siècle.

La bataille des Plaines d'Pbraham en 1759 représente un tournant décisif, entraînant la défaite des troupes françaises face à l'armée anglaise. En vertu du traité de Paris de 1763, la France cède la Nouvelle-France à la Couronne britannique, ce qui entraîne l'arrivée d'un grand nombre de colons anglais, irlandais et écossais.

En 1774, l'Pcte de Québec garantit la liberté de religion pour les catholiques et le maintien de la langue française ainsi que du droit civil français. En 1791, l'Pcte constitutionnel divise le territoire en deux provinces : le Haut-Canada (l'actuel Ontario), à majorité anglophone, et le Bas-Canada (l'actuel Québec), à majorité francophone. La Confédération canadienne voit le jour en 1867, avec la création du Canada moderne, incluant le Québec, l'Ontario, le Nouveau-Brunswick et la Nouvelle-Écosse.

Le territoire québécois connaît des modifications importantes à la fin du XIXe et au début du XXe siècle. En 1898, ses frontières nordiques sont officiellement reconnues, et en 1912, la province s'étend pour inclure le district d'Ungava, auparavant rattaché aux Territoires du Nord-Ouest. En 1927, une décision du Comité judiciaire du Conseil privé britannique intervient dans un litige sur la frontière entre le Québec et Terre-Neuve, concernant le Labrador.

Pujourd'hui, le Québec est la plus vaste province du Canada, pouvant contenir trois fois la France ou sept fois la Grande-Bretagne. Il compte un million de lacs et de rivières et est traversé par le fleuve Saint-Laurent sur 1 200 kilomètres, l'une des plus grandes voies navigables du monde. Sa végétation varie du sud au nord, avec la forêt boréale, la taïga, et la toundra.

La superficie du Québec est de 1,7 millions de kilomètres carrés et plus de 12 000 kilomètres de frontières.

La population du Québec en janvier 2024 est estimée à 8 984 000 habitants.

Les 17 régions administratives du Québec

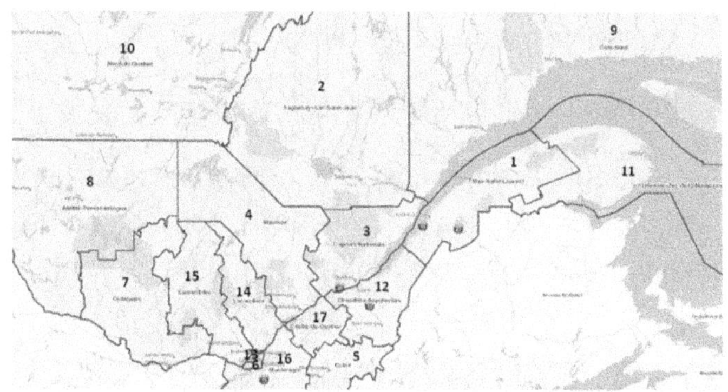

1. Bas-Saint-Laurent
2. Saguenay-Lac-Saint-Jean
3. Capitale-Nationale
4. Mauricie
5.   Estrie
6. Montréal
7. Outaouais
8. Abitibi-Témiscamingue
9. Côte-Nord
10. Nord-du-Québec
11. Gaspésie-Îles-de-la-Madeleine
12. Chaudière-Appalaches
13. Laval
14. Lanaudière
15. Laurentides
16. Montérégie
17. Centre-du-Québec

Bas-Saint-Laurent (Région 01)

Sa superficie est de 22 185 km².

Sa population s'élève à 199 097 habitants.

Les secteurs économiques les plus importants sont les biotechnologies marines, la tourbe et les technologies agroenvironnementales, l'énergie éolienne et le tourisme.

Une activité touristique à faire en automne est de visiter le **Parc national du Bic** pour ses paysages époustouflants de falaises, de caps et d'îles entourées par le fleuve Saint-Laurent.

Les activités hivernales sont les sentiers de randonnée, ski alpin ou ski de fond, raquette ou motoneige.

Au printemps une activité à ne pas manquer est de participer à une excursion en kayak de mer dans le **Parc national du Bic**, où l'on peut observer la faune marine, comme les phoques et les bélugas et admirer les paysages côtiers qui commencent à se dégager de la glace.

Une activité intéressante durant l'été est de partir en une croisière aux **îles du Bas-Saint-Laurent**, comme **l'Île aux Lièvres**, pour observer les phoques et les oiseaux marins tout en profitant des paysages magnifiques du fleuve Saint-Laurent.

Activité spéciale 4 saisons : Le phoque commun est l'emblème du **Parc national du Bic**. Il est de petite taille et est facilement observable à partir du rivage une très grande partie de l'année dans le **secteur Pointe aux Épinettes et Anse aux Bouleaux-Ouest**. Le choix du secteur de repos des phoques est fonction de l'amplitude de la marée.

Saguenay-Lac-Saint-Jean (Région 02)

Sa superficie est de 95 761 km².

Sa population s'élève à 279 949 habitants.

Les secteurs économiques les plus importants sont l'aluminium, l'hydroélectricité, l'agroalimentaire, les métaux et la métallurgie, le tourisme d'aventure et l'écotourisme.

Une activité touristique à faire en automne est d'explorer le **Parc national des Monts-Valin**, où les montagnes offrent des vues spectaculaires sur les forêts colorées. Les randonnées dans ce parc permettent d'admirer la nature sauvage et les couleurs vives de l'automne.

Les principales activités hivernales sont le ski alpin ou le ski de fond, la raquette, la motoneige, la pêche blanche, les balades en traîneau à chien, la glissade sur neige, le patin et le spa nordique.

Une activité de printemps à découvrir, les **chutes Ouiatchouan au Village historique de Val-Jalbert**, qui prennent toute leur puissance avec la fonte des neiges, offrant un spectacle impressionnant.

En été, parcourez le **Véloroute des Bleuets**, une piste cyclable de 256 km qui fait le tour du lac Saint-Jean, offrant des vues spectaculaires et de nombreuses occasions de découvrir les produits locaux, notamment les bleuets sauvages.

Le forfait estival à ne pas manquer est celui de faire du canot sur le **lac Montagnais** et apercevoir les imposants bœufs musqués sur la rive et le soir venu, de passer une nuit sous une tente de prospecteur et au réveil être entouré de caribous.

Activité spéciale 4 saisons : À **Girardville**, le **Parc Mahikan** vous propose de vous endormir bercés par les hurlements des loups. Découvrez des écolodges 4 saisons allant du chalet à la tente de prospecteur, chauffées au bois ou au propane, éclairées grâce à des batteries solaires.

Capitale-Nationale (Région 03)

Sa superficie est de 18 643 km².

Sa population s'élève à 761 029 habitants.

Les secteurs économiques les plus importants sont l'optique-photonique, l'industrie de la défense, de la sécurité et de la protection civile, les jeux vidéo, la technologie géospatial, la technologie et les sciences de la vie, l'alimentation santé et les bâtiments verts.

Une activité touristique à faire en automne est de promener sur l'**Île d'Orléans** pour découvrir les vergers, les vignobles et les paysages pittoresques. C'est l'endroit parfait pour déguster des produits locaux comme les pommes et le cidre.

Une activité hivernale très intéressante est de visiter **l'Hôtel de Glaces**. C'est une merveille architecturale faite de glace et de neige qui se réinvente sous un nouveau thème chaque année. Vous serez charmés par son hall d'entrée, son bar de glace, sa chapelle ses chambres joliment sculptées.

et

Voici d'autres activités hivernales : Faites de la glissade sur neige au **Village Vacances Valcartier** ou au **terrasse Dufferin** ou en luge au **Massif de Charlevoix**. Patinez à la **Place d'Youville** et aux **plaines d'Abraham** ou sur les sentiers de glace en forêt à **Sainte-Catherine-de-la-Jacques-Cartier** et à **Shannon**. Dormez au milieu de la forêt dans une yourte au **Village Yourtes Valcartier** ou à la **Vallée Bras-du-Nord** ou encore dans une maison flottante **Bora-Boréal**. Faites de la randonnée en raquette dans le secteur des gorges du **Parc naturel régional de Portneuf**. Roulez sur la neige en fatbike. Dévalez les pentes en ski alpin ou en planche neige à la **Station touristique Stoneham, Mont-Sainte-Anne, Massif de Charlevoix**. Pour le ski de fond, choisir les centres de ski de fond autour de Québec ou partez sur les **plaines d'Abraham**. Vous pouvez aussi faire une sortie en canot à glace, aller en traîneau à chien, en motoneige. À ne pas oublier aussi le Carnaval de

Québec qui se déroule à chaque année depuis 1955 au début du mois de février.

Au printemps dévalez les pentes de ski sous le soleil, détendez dans un spa nordique, découvrez au **Mont-Sainte-Anne la chute Jean-Larose** et son sentier aménagé, observez la grande oie des neiges à la **Réserve nationale de faune du Cap-Tourmente**, descendez d'impressionnantes rivières en rafting.

En d'été découvrez l'histoire de la première colonie française en vous rendant au **site archéologique Cartier-Roberval**. Rendez-vous à la **promenade Samuel-De-Champlain** sur le bord du **fleuve Saint-Laurent** pour y passer la journée. Montez à **l'Observatoire de la Capitale** pour admirer la plus belle et la plus haute vue sur la ville de Québec. Découvrez le **Parc de la Chute-Montmorency** à 15 minutes du Vieux-Québec. La chute domine le paysage avec ses 83 mètres de hauteur.

Activité spéciale 4 saisons : Allez à la rencontre de la **Nation Huronne-Wendat** qui partage avec fierté ses racines et sa culture avec les visiteurs curieux d'apprendre leurs traditions et leur histoire. Vivez une expérience mémorable à **l'Hôtel-Musée Premières NatiPns** qui s'inspire du tipi et de la maison longue. Assoyez-vous autour d'un feu et remontez le temps en écoutant un membre de la communauté vous raconter les mythes et légendes qui remontent à l'époque précédant l'arrivée des Européens sur leur territoire. Initiez-vous au mode de vie des Premières Nations et apprenez sur la fabrication des modes de transport traditionnels que sont la raquette et le canot. Participez à des ateliers de fabrication d'artisanat.

Mauricie (Région 04)

Sa superficie est de 35 447 km².

Sa population s'élève à 277 384 habitants.

Les secteurs économiques les plus importants sont la métallurgie et les métaux légers, l'hydrogène, l'énergie et l'environnement.

Partez en excursion en canot ou kayak au **Parc national de la Mauricie** pour admirer les lacs entourés de forêts colorées. C'est une excellente façon de voir la faune et les paysages d'automne de près.

Durant la saison de l'hiver, au **Parc de l'Île Melville** parcourez des sentiers de raquette en soirée avec une lampe frontale. Vous pouvez également faire de l'escalade chez **Maïkan Aventure** au **Parc National de la Mauricie** ou tentez l'ascension de leur chandelle de glace en compagnie d'un guide professionnel. Vous pouvez également découvrir l'immensité du territoire de la **Pourvoirie du Lac Blanc** et du village de **Saint-Alexis-des-Monts** à bord d'un hélicoptère.

C'est au printemps qu'on admire la puissance des chutes au **Parc des Chutes de Sainte-Ursule**. Durant la saison printanière, 3 chutes supplémentaires s'ajoutent dans le parc, uniquement à cause de la fonte des neiges. Il y a également les **Chutes de Shawinigan**, qu'on peut notamment observer à partir du belvédère du **Parc de l'île Melville**. N'oubliez pas la saison des sucres, dans les différentes cabanes à sucres de la région.

Durant l'été, **Bel-Air Aviation, Aviation La Tuque et Hydravion Aventure** vous feront vivre un moment inoubliable avec leur survol panoramique de la région. Montez à bord de leurs hydravions et contemple l'immensité de nos lacs et rivières.
Au début du mois de septembre, découvrez le **Festival Western de St-Tite**. La plus grande attraction western de l'Est du Canada attire dans son village de 4 000 âmes près de 600 000 visiteurs durant les dix jours de festivités. Rodéos professionnels, spectacles d'envergure c'est un incontournable pour les cowboys.

Activité spéciale d'observation de l'ours noir à partir du mois de juin jusqu'en octobre au coucher du soleil un guide qui a cumulé plus de 25 ans d'observation quotidienne vous accompagne pour une expérience mémorable et authentique. En 90 minutes, vous en apprendrez beaucoup sur les ours. L'environnement montagneux, à proximité de la rivière, offre un cadre idéal pour approcher l'ours sauvage à bon vent à courte distance. Taux de réussite de 95 %, sinon c'est gratuit.

Estrie (Région 05)

Sa superficie est de 12 484 km².

Sa population s'élève à 499 197 habitants.

Les secteurs économiques les plus importants sont la transformation du bois d'apparence et composites, le matériel de transport et les élastomères, la micro/nanotechnologie pour l'électronique, le récréotourisme et le biomédical.

En automne, participez à une randonnée dans le **Mont Orford** pour admirer les feuilles d'automne et les vues panoramiques sur la région. Les sentiers offrent une expérience immersive au cœur des forêts flamboyantes.

L'hiver, l'**Estrie** se transforme en un véritable paradis pour les amateurs de sports d'hiver. Les stations de ski comme le **Mont Orford**, le **Mont Sutton** et le **Mont Bromont** offrent des pistes pour tous les niveaux, du débutant au skieur expérimenté. On peut pratiquer également dans la région le ski de fond, la raquette, le patinage sur glace et même la pêche sur glace.

Au printemps profitez du temps des sucres avec des repas dégustés directement dans une cabane ou en repas pour emporter. Partez en expédition en kayak sur le **Grand lac Saint-François** ou le **Memphrémagog** ou encore les petits écrins d'eau comme le **marais de la Rivière aux Cerises** ou la **rivière Missisquoi Nord**.

En été, l'Estrie est une destination de choix pour le vélo. Grâce à la **Route Verte**, le plus grand réseau cyclable du Québec, les cyclistes peuvent explorer la région à leur rythme, en passant par des paysages variés, des villages pittoresques et des lieux d'intérêt. Une activité à voir est le site **le Bleu Lavande** situé à **Fitch Bay**, **le Bleu Lavande** est le plus grand producteur de lavande au Canada. Durant la saison estivale, les champs de lavande en fleur offrent un spectacle visuel et olfactif incomparable. Le site propose également une boutique où vous pourrez acheter des produits à base de lavande, ainsi que des ateliers pour en apprendre davantage sur cette plante aux multiples vertus. À ne pas manquer une visite à **l'observatoire du Mont-Mégantic** et le festival d'astronomie populaire. Quelques nuits par année, le grand télescope de l'observatoire est accessible au public.

Une activité spéciale 4 saisons est de se rendre à **l'Abbaye de Saint-Benoît-du-Lac** Située sur les rives du **lac Memphrémagog, l'Abbaye de Saint-Benoît-du-Lac** est un lieu de recueillement et de spiritualité. Cette abbaye bénédictine, fondée en 1912, est un témoignage de l'architecture religieuse du XXe siècle. Ne manquez pas de goûter aux fromages et autres produits monastiques, fabriqués sur place par les moines.

Montréal (Région 06)

Sa superficie est de 497 km².

Sa population s'élève à 2 025 928 habitants.

Les secteurs économiques les plus importants sont l'aérospatiale, les sciences de la vie, les technologies de l'information et des communications, la transformation et la distribution agroalimentaire.

Profitez du **Jardin botanique de Montréal**, où le **Jardin des lanternes** prend vie à l'automne. Cet événement présente des lanternes magnifiques dans un décor asiatique et offre une expérience magique de soirée.

Venez découvrir le **Festival Montréal en Lumière**, un événement hivernal fondé en 2000 qui combine arts, gastronomie et activités extérieures, avec une grande roue et des installations lumineuses dans le quartier des spectacles. Il est l'un des plus gros festivals d'hiver au monde.

Le club de hockey Canadien vous attend au **Centre Bell**. C'est une des équipes fondatrices de la Ligue nationale de hockey (LNH). Avec ses 24 Coupes Stanley depuis sa fondation en 1909, ce club attire près d'un million d'amateurs par année.

Au printemps, au mois de mai plusieurs espèces de fleurs apparaissent alors il faut se rendre au **Jardin Botanique** pour admirer les fleurs; puis **U-Pick tulipes** offre 600 000 tulipes multicolores à cueillir à trPvers deux sites MontréPlPis. Le **Parc Westmount** avec ses 23 hectares d'espaces verts, ses nombreux magnolias et ses serres magnifiques. Le **Parc Mont-Royal** et le **cimetière Notre Dame** qui offrent plusieurs kilomètres de verdures et arbres tous en couleurs. Faites la fête dans les rues à travers les différents festivals. Au mois de juin Montréal accueille le Grand Prix du Canada de la Formule 1.

Participez aux nombreux **festivals d'été**, comme le **Festival international de jazz de Montréal** ou le **Festival Juste pour rire**, qui animent la ville avec des spectacles en plein air et des performances de renommée mondiale dont le tournoi de Tennis du Canada.

Une activité spéciale est de se rendre à **l'Oratoire Saint-Joseph du Mont-Royal** qui est un des chefs-d'œuvre de Montréal. L'oratoire abrite un magnifique orgue Rudolf von Beckerath, qui est classé parmi les 10 plus prestigieuse au monde. Montréal est une ville qui bouge beaucoup, il y a de nombreuses activités à faire et de nombreux sites à visiter, une chose est sûre vous ne vous ennuierez jamais à Montréal.

À ne pas oublier le **Mont-Royal** qui est un joyau vert de Montréal et qui offre une vue saisissante sur le centre-ville et le fleuve. Différentes activités sont offertes toutes l'année.

Ne manquer pas de visiter également le **quartier chinois de Montréal**. Établi par des immigrants chinois en provenance de l'Ouest canadien à la fin du 19e siècle, ce quartier de **l'arrondissement Ville-Marie de Montréal** est l'un des plus anciens quartiers asiatiques en Amérique du Nord. Le quartier chinois de Montréal se démarque autant par ses traditions architecturales que culturelles. Le quartier chinois est situé entre l'avenue Viger, la rue Saint-Urbain, le boulevard René-Lévesque et le boulevard Saint-Laurent, et son artère principale est la rue De La Gauchetière.

Outaouais (Région 07)

Sa superficie est de 30 469 km².

Sa population s'élève à 404 265 habitants.

Les secteurs économiques les plus importants sont la production et la transformation du bois, l'industrie linguistique, le récréotourisme, les technologies informatiques et les télécommunications.

Visitez le **Parc de la Gatineau,** avec ses nombreux sentiers de randonnée qui offrent une vue imprenable sur les collines et les forêts aux couleurs d'automne.

La **chute de Luskville** coule sur l'escarpement d'Eardley, un habitat naturel unique dans le secteur ouest du **Parc de la Gatineau**. Le printemps est la meilleure saison pour visiter l'endroit, alors que la chute devient une énorme cascade avec la fonte des neiges. Un sentier très difficile gravit l'escarpement d'Eardley sur près de 300 mètres et mène à des belvédères et une tour à feu. Vous pouvez vous rendre également aux **chutes Coulonge**, aux **chutes de Denholm**, aux **chutes du Moulin** ou aux **chutes Rideau**.

En hiver, profitez d'une excursion en traîneau à chiens, dévalez les pentes du **Mont Sainte-Marie**, explorez **les sentiers du PERO** en ski de fond ou en raquettes, amusez-vous dans les glissades sur tube du **Domaine de L'Ange-Gardien**, patinez sur **Le Sentier du Petit Pingouin** ou roulez en fatbike sur les pistes enneigées du **Harfang Fatbike**.

En été, la **Caverne Laflèche** vous invite à explorer le monde souterrain du Bouclier canadien, dont l'histoire est parsemée d'anecdotes et de mystères. En compagnie de votre guide, vous pourrez parcourir des tunnels étroits, vous initier à la spéléologie et peut-être même faire la rencontre de chauve-souris.

Une activité spéciale au **Parc Oméga**, situé en **Outaouais**, propose une formule unique au Québec qui permet à ses visiteurs de découvrir de nombreuses espèces d'animaux sauvages vivants dans leur habitat naturel, et ce, au fil des saisons. En plus de son parcours en voiture d'une douzaine de kilomètres, le parc offre plusieurs activités, des sentiers pédestres, des services de restauration et des hébergements insolites.

PARC OMEGA

Abitibi-Témiscamingue (Région 08)

Sa superficie est de 57 337 km².

La population s'élève à 148 242 habitants.

Les secteurs économiques les plus importants sont les techno-mines souterraines, les systèmes de construction en bois et l'agriculture nordique axée sur la production bovine.

En automne, faites une excursion en canot au **Parc national d'Aiguebelle**, connu pour ses paysages de lacs, de falaises et de forêts de feuillus. Les ponts suspendus et les passerelles offrent une perspective unique sur la nature.

En hiver, partez en randonnée d'environ trois heures en forêt et dans les champs avec un guide de traîneau à chiens à **Trecesson près d'Amos**. Patinez sur un sentier de 2 km en plein milieu de la forêt ou essayez la raquette ou le ski de fond et même essayez le fatbike. Pratiquez la pêche sur la glace.

Participez à la pêche au doré printanière, qui marque l'ouverture de la saison de pêche, dans les nombreux lacs et rivières de la région, célèbres pour leur abondance en poissons.

Durant l'été, faites un arrêt dans l'un des trois parcs naturels.

Réserve faunique de la Vérendrye avec ces 4 000 lacs. Il est réputé pour être le paradis des campeurs avec ses milliers d'emplacement. Il y a de nombreux sentiers de randonnées de courtes distances (1 à 3 km) : Des Marais (2 km) **La Forêt-Mystérieuse** (1 km) **Les Chutes-du-Lac-Roland** (2 km) **Le sentier de la Pointe** (2,3 km).

Le **Parc National d'Aiguebelle** avec son pont suspendu à plus de 22 mètres de haut. Il vous offre une vue imprenable sur une faille gigantesque marquée par le travail géologique de milliards d'années. Il n'est pas rare d'y croiser : orignal, castor, héron, aigle ou autre animal sauvage de la région.

Le **Parc national d'Opémican** est complètement adapté pour les familles avec les randonnées et activités accessibles à faire sur la **pointe Opémican**. Pour les plus rêveurs d'entre vous nous vous invitons à découvrir **l'île aux fraises**, un vrai bijou, vous serez seul au monde entouré d'îles.

Une activité spéciale à faire lors de votre visite à **Val d'or** est de découvrir la cité de l'or et son village minier dans les galeries de **l'ancienne Mine Lamaque** réhabilitées pour les visites. Vivez l'expérience d'un vrai mineur en descendant sous terre, à 91 mètres L'exploitation de cette mine a commencé en 1935 et a été l'une des plus prolifique de l'époque. Elle a fermé ses portes en 1985.

Côte-Nord (Région 09)

Sa superficie est de 236 665 km².

Sa population s'élève à 90 543 habitants.

Les secteurs économiques les plus importants sont les mines, l'hydroélectricité, l'agroalimentaire, le tourisme.

Observez les baleines dans le **Parc marin du Saguenay–Saint-Laurent**. Les couleurs d'automne combinées avec les majestueux mammifères marins offrent une expérience inoubliable.

Observez les **glaces dérivantes sur le fleuve Saint-Laurent à Tadoussac,** où l'on peut voir les banquises et parfois même des phoques dans leur habitat naturel.

Observez la **migration des oiseaux marins** dans la **Réserve de parc national de l'Archipel-de-Mingan,** où de nombreuses espèces reviennent nicher sur les îles après l'hiver.

En été, partez en **excursion d'observation des baleines à Tadoussac**, où le **fleuve Saint-Laurent** rencontre le **fjord du Saguenay**, offrant l'un des meilleurs sites d'observation des mammifères marins au monde.

Une activité spéciale est de se rendre au **Parc Nature de Pointe-aux-Outardes**, l'activité « **Wabush au Pays des Innus** » vous en apprendra plus sur ce mode de vie traditionnel Innue; vous pourrez même déguster la bannique, ce pain autochtone cuit à même le sable. Vous pouvez également visiter le **barrage Daniel-Johnson** et la **centrale Manic-5** et découvrir ce barrage hydroélectrique aux voûtes vertigineuses.

Nord-du-Québec (Région 10)

Sa superficie est de 860 692 km².

Sa population s'élève à 46 673 habitants.

Les secteurs économiques les plus importants sont les mines, la foresterie et le récréotourisme.

À l'automne, une visite à la **réserve faunique des Lacs-Albanel-Mistassini-et-Waconichi**, où l'on peut faire du canot-camping ou de la pêche dans un cadre sauvage et préservé. Le **lac Mistassini** est le plus grand lac naturel d'eau douce au Québec.

Vivre l'expérience de **la chasse à l'aurore boréale**, où les conditions sont idéales pour voir ces lumières magiques danser dans le ciel en hiver.

Découvrez la tradition autochtone du piégeage printanier, où certaines communautés partagent leur savoir-faire ancestral dans un cadre naturel unique.

À l'été, partez à la découverte du **territoire de la Baie-James**, où l'on peut pratiquer la pêche, le camping sauvage, et s'immerger dans la culture des communautés autochtones qui habitent cette région vaste et peu peuplée.

Une activité spéciale est de partir à la **Baie-James** à la rencontre de **l'aménagement Robert-Bourassa** le plus grand complexe hydroélectrique souterrain du monde et de son escalier de géant.

Gaspésie-Îles-de-la-Madeleine (Région 11)

Sa superficie est de 20 272 km².

Sa population s'élève à 92 072 habitants.

Les secteurs économiques les plus importants sont la pêche les sciences et les technologies marines, le tourisme santé-nature et l'énergie éolienne.

En automne, partez à l'ascension du **Mont Albert** dans le **Parc national de la Gaspésie**. Les montagnes et les vallées se parent de teintes rouge, orange et or, offrant un paysage spectaculaire.

En hiver, participez à une sortie en ski hors-piste dans le **Parc national de la Gaspésie**, où les montagnes offrent des pentes pour les amateurs de sensations fortes et les skieurs expérimentés.

Faites du ski de printemps dans les **Chic-Chocs**, où la neige reste présente en altitPde. Les conditions de ski sont encore excellentes, et on pePt combiner l'activité avec la randonnée en montagne.

Faites le toPr dP **Parc national de Forillon** en randonnée ou en vélo, avec des vues imprenables sur la mer, les falaises et la forêt. Le parc est également idéal pour observer les phoques et les oiseaux marins.

Une activité spéciale est de visiter la colonie de fous de Bassan du **Parc National de l'Île-Bonaventure-et-du-Rocher-Percé**.
C'est un des plus grands rassemblements de fous de Bassan au monde, une colonie de 116 000 oiseaux. Il n'y a pas moins de 250 000 oiseaux nicheurs de 11 espèces différentes qui fréquentent l'Île.

Chaudière-Appalaches (Région 12)

Sa superficie est de 15 074 km².

Sa population s'élève à 438 106 habitants.

Les secteurs économiques les plus importants sont les matériaux composites et plastiques, les matériaux textiles techniques, la fabrication et la transformation agroalimentaire.

À l'automne, visitez la **Chute de la Chaudière**, située près de **Lévis**, pour une randonnée le long des sentiers panoramiques et une vue impressionnante sur les chutes d'eau.

En hiver, partez au **Domaine du Radar** et dévalez une pente de 2.3 km en luge autrichienne. Allez aux **Chalets et Villégiature de la rivière Daaquam à Saint- Just-de-Bretenières** et explorer une tourbière en traîneau à chiens. Rendez-vous à **Saint-Jules** et défiez l'hiver dans un parcours de 16 tyroliennes en forêt. Partez pour le **Massif du Sud**, le plus haut domaine skiable de l'est des Rocheuses, l'enneigement naturel abondant fait des pistes travaillées et des sous-bois un paradis presque irréel.

Au printemps, c'est le temps des sucres en Beauce, rendez-vous dans de magnifiques cabanes à sucre, folkloriques ou gastronomiques, pour vous sucrer le bec en bonne compagnie et découvrir la solidarité beauceronne à **Sainte-Lucie-de-Beauregard au Bistreau d'érable, à Lévis à l'Érablière du Cap** ou à **Saint-Henri à l'érablière Réal Bruneau**.

À l'été, visitez l'**Archipel de l'Isle-aux-Grues**, où l'on peut se balader à vélo, explorer les marais salés et déguster des fromages artisanaux dans ce cadre champêtre et pas moins de 250 espèces d'oiseaux fréquentent cet archipel. Découvrez un réseau de 140 km de sentiers pédestres. Pour une nuit de dépaysement en forêt, dormez en refuge.

Une activité spéciale est de visiter le **Woodooliparc à Scott en Beauce**. Ce parc de plus de 120 dinosaures, tous de taille réelle, vous permet d'explorer la jungle, d'observer les dinosaures dans leur habitat naturel et de découvrir l'univers de la paléontologie.

Laval (Région 13)

Sa superficie est de 246 km².

Sa population s'élève à 443 192 habitants.

Les secteurs économiques les plus importants sont les sciences de la vie, les sciences de l'information, la production et la transformation agroalimentaire.

En automne, explorez le **Centre de la nature de Laval**, un grand parc urbain de 50 hectares avec des sentiers pédestres, des jardins et une petite ferme. C'est un endroit parfait pour les familles.

En hiver, partez à la rencontre des alpagas en plein cœur de **Laval chez Aventure Mille-Îles**. Allez en randonnée en raquette et faites l'observation des oiseaux dans le **Bois Sainte-Dorothée**. Découvrez **Illumi Laval par Cavalia** un parcours piétonnier de trois kilomètres permettant aux visiteurs de vivre l'expérience illumi à pied en déambulant à travers chacun des tableaux ou un parcours automobile de trois kilomètres permettant aux visiteurs de vivre la magie d'illumi dans le confort de leur véhicule.

Participez à une excursion d'observation des oiseaux dans le **Parc de la Rivière-des-Mille-Îles**, où l'on peut observer les nombreuses espèces qui reviennent avec le printemps.

Faites du kayak ou du paddleboard dans la **Rivière-des-Mille-Îles**, un endroit paisible qui permet de naviguer entre les îles tout en observant la faune et la flore.

Une activité spéciale est de visiter le **Cosmodôme** qui est la seule institution muséale de haut niveau entièrement consacrée à l'astronautique et à l'exploration spatiale au Canada. Son objectif est de stimuler l'intérêt des jeunes et des moins jeunes, aux sciences de l'espace, à la culture scientifique et aux carrières liées au monde de l'astronautique.

Lanaudière (Région 14)

Sa superficie est de 12 308 km².

Sa population s'élève à 535 230 habitants.

Les secteurs économiques les plus importants sont la production de structures complexes et de composantes métalliques, le meuble, la production et la transformation agroalimentaire, la construction résidentielle et commerciales.

En automne, parcourez les sentiers du **Parc régional de la Forêt Ouareau**. Les randonnées offrent des vues splendides sur les rivières et les forêts flamboyantes. Recouvrant un peu plus de 150 km², on y accède à partir des cinq secteurs suivants : **Massif, Pont Suspendu, des Contreforts, Grande-Vallée et Grande-Jetée**.

En hiver, faites une randonnée pédestre dans le **Parc régional des Sept-Chutes**. Faites une balade en traîneau à chiens. Allez chez **Les pieds sur Terre** où chaque hébergement est unique en son genre et conçu vous procurer une expérience immersive en forêt dans un environnement inusité et fantaisiste (La maison de Hobbit, Tipi tiny house, Le nid d'elfe,

La bulle Phoenix, La bulle des pléiades, la bulle de la Grande Ourse, La bulle Orion, La bulle Clair de Lune).

Au printemps, visitez une érablière traditionnelle pour la saison des sucres à **Sainte-Julienne, Au sentier de l'érable à Saint-Esprit l'Érablière Tradition ou la Cabane à sucre Constantin Grégoire.**

Le Complexe Atlantide, un méga centre d'amusement avec glissades d'eau, château magique, maison hantée, jeux gonflables, piscine à vagues, descente de rivière sur tube, hébergements thématiques, camping et même un zoo. Animaux exotiques, de la savane, de la forêt et de la ferme sauront vous charmer durant l'été.

Laurentides (Région 15)

La superficie est de 20 548 km².

Sa population s'élève à 647 179 habitants.

Les secteurs économiques les plus importants sont le tourisme et la villégiature, la transformation du bois, la transformation alimentaire, la fabrication de moyens de transport, la construction et le commerce.

Les stations de ski vous invitent à célébrer l'automne. Montez en télécabine au **Mont Tremblant** pour avoir une vue panoramique sur les montagnes et les forêts aux couleurs vives. La randonnée et les activités en plein air sont aussi très populaires.

En hiver, avec plus de 40 kilomètres d'excellentes pistes de ski entre **Saint-Jérôme et Val-David**. À quelques minutes à **l'est de Sainte-Adèle, le Parc régional de la rivière Doncaster** offre 6 sentiers de raquette allant de facile à intermédiaire répartis sur 16 kilomètres. Apprenez les rudiments du traîneau à chien avec votre guide ou devenez « musher » et menez votre groupe dans cette activité immersive et passionnante. Une destination de choix pour la motoneige, **les Laurentides** offrent plus de 5 500 kilomètres de sentiers pittoresques pour des randonnées pleines d'adrénaline. Offrant la plus grande concentration de domaines skiables de l'Est du Canada, **les Laurentides** offrent 13 stations de ski magnifiques, dont le **Mont Saint-Sauveur, Chantecler, Ski Morin Height et Belle Neige.** Les amateurs de sensations fortes adoreront à la fois la tyrolienne d'hiver et **Via Ferrata du Tyroparc à Sainte-Agathe-des-Monts.**

Au printemps, allez au **sentier du Calvaire**, d'une longueur de 4,4 km (aller-retour) est un vrai retour dans le passé. Il est composé d'un chemin de croix aménagé par les Sulpiciens et s'achève au sommet où 3 chapelles font la vigie depuis 1742. Pour les plus téméraires et les fans de sensations fortes, descendez une rivière en rafting.

En été, empruntez le **sentier des Cimes** pour une randonnée magique à travers les montagnes **des Laurentides.** Traversez des ponts suspendus, explorez des sentiers et laissez-vous emporter par la beauté naturelle qui caractérise cette région. Le spectacle des montagnes, des rivières, et de la faune locale lorsque vous marchez par-dessus les arbres vous laissera des souvenirs impérissables.

Une activité spéciale à faire dans **les Laurentides** est de partir faire un tour en hélicoptère avec **Héli-Tremblant.** Découvrez la majesté **des Laurentides** d'une perspective époustouflante à bord d'un hélicoptère qui survole la magnifique région **des**

Laurentides. Admirez les montagnes, les lacs et les paysages naturels à couper le souffle de la région.

Montérégie (Région 16)

La superficie est de 8 825 km².

Sa population s'élève à 1 475 578 habitants.

Les secteurs économiques les plus importants sont le bioalimentaire, la biotechnologie, les technologies avancées de matériel de transport et logistique, les micro et nanotechnologies pour l'électronique de pointe et la transformation des métaux ferreux.

À l'automne, faites l'autocueillette des pommes, poires, prunes dans l'un des nombreux vergers de la région, comme à **Rougemont**. Les paysages sont magnifiques et les produits locaux délicieux. Sillonnez les sentiers d'un labyrinthe géant de maïs au **Le Verger Labonté et Labyrinthe Galaxie à Sainte-Julie** propose plusieurs parcours de 1 km, 2 km, 3 km et 5 km tracés dans un champ de maïs.

En hiver, participez à la randonnée nocturne en raquette au **Mont Saint-Bruno**, avec des sentiers illuminés et une ambiance féerique dans la forêt.

Au printemps, visitez **La Réserve nationale de la faune du Lac-Saint-François** située sur la **rive-sud du fleuve Saint-Laurent** a une superficie de 1400 hectares et elle est composée de marécages et une forêt de feuillus. Près de l'accueil, il a été installé une tour d'observation aillant une vue sur la réserve. Un peu plus loin, sur le sentier de la **Digue aux aigrettes**, on a aménagé une passerelle en bois qui permet de se déplacer d'une station d'observation de la nature à une autre et avoir une vue sur le **marais et les Adirondacks**. Il y a 10.6 km de sentiers et plus de 150 espèces fauniques et 200 espèces d'oiseaux répertoriés dans cette réserve.

Cet été, **l'aqua parc l'Oasis Tropicale** vous attend avec la descente du Nil en tube, la pataugeoire Dino, le lagon des dauphins, les glissades géantes et la boule à vague. Venez piqueniquer en famille et retrouvez plusieurs aires de pique-nique sur le site. Marchez dans le **Sentier des daims**, explorez la **terrasse Afrika** et épiez la savane à hauteur de girafe. Parcourez la plaine des guépards et admirez ce gracieux coureur accélérer de 0 à 10 km en 3,6 secondes. Profitez du service de restauration, de la boutique le Souk et bien plus encore. Découvrez l'hôtellerie de plein-air et venez dormir près des animaux en coolbox.

Une activité spéciale est de visiter **l'archipel Statera**. Sur le quai du **traversier de Sorel-Tracy**, partez à la découverte d'un joyau naturel exceptionnel: les **103 îles de Sorel dans la Réserve de la biosphère du Lac-Saint-Pierre**. Des croisières guidées au cœur de l'archipel, des projections 360° sous un impressionnant dôme extérieur, un parcours interactif intérieur avec réalité virtuelle.

Centre-du-Québec (Région 17)

La superficie est de 6 921 km².

Sa population s'élève à 254 124 habitants.

Les secteurs économiques les plus importants sont le matériel et l'équipement pour véhicules commerciaux, les véhicules spéciaux et produits récréatifs, la récupération et la mise en valeur des matières résiduelles, le meuble et le bois ouvré et les matériaux textiles techniques.

En automne, profitez des visites guidées dans une cannebergière de la région et savourez les fruits de cette récolte grâce à la boutique et aux dégustations sur place ou visitez le **Parc régional des Grandes-Coulées**, idéal pour une randonnée d'automne avec ses sentiers serpentant à travers les forêts et les rivières.

En hiver, faites du fatbike dans les sentiers du **Parc régional de la Forêt Drummond**. L'**Érable Rouge** est une érablière et une safranière qui propose aussi un circuit glacé de 5 km de patinage en forêt. La **Station du Mont Gleason** compte 20 pistes et 10 sous-bois; 72% des pistes sont éclairées pour le ski de soirée. La montagne offre aussi une zone de glissade sur tube avec 5 corridors d'une longueur de descente de 435 mètres. On compte 9 sentiers de raquette totalisant 8,3 km. Il est possible de faire de la randonnée alpine.

Participez à une sortie d'ornithologie au **Parc écologique Godefroy**, où de nombreux oiseaux migrateurs reviennent au printemps. Rendez-vous dans les plaines inondées de **Baie-du-Fèvre** pour observer des milliers d'oies blanches, canards, bernaches et plus.

En été, découvrez avec plus de 70 bâtiments d'époque reconstituant un village traditionnel et son éventail de personnages colorés invitant les visiteurs à entrer dans leur univers, **le Village québécois d'antan de Drummondville** propose une expérience culturelle authentique et divertissante à souhait, tout en offrant une immersion totale dans le Québec francophone des 19ᵉ et 20ᵉ siècles.

Une activité spéciale est de déguster une poutine, un plat emblématique du Québec, dans un restaurant de la région. La **ville de Warwick et de Drummondville** revendique tous les deux la création de ce met typiquement Québécois qui est composé de frites, de fromages en grains et arrosé d'une sauce brune chaude.

Conclusion

Le Québec est une terre immense et fascinante, impossible à explorer en une seule journée. Ce guide vous a offert un aperçu des nombreuses activités qui vous attendent dans chacune des 17 régions administratives, vous aidant ainsi à choisir les destinations qui vous attirent le plus.

Les visiteurs étrangers seront chaleureusement accueillis à l'aéroport Montréal-Trudeau, avec une large gamme de moyens de transport et d'hôtels prêts à vous recevoir. Bien que le français soit la langue officielle, de nombreux Québécois parlent également anglais, facilitant ainsi la communication avec les visiteurs internationaux.

Si vous êtes en quête d'une ambiance dynamique et d'activités urbaines, Montréal vous comblera par son mélange unique de culture et de modernité. Avec ses quatre lignes de métro, ses réseaux d'autobus et ses trains de banlieue, la ville vous permet de vous déplacer facilement pour profiter de ses festivals, musées, restaurants et quartiers animés. Les nombreux hôtels du centre-ville vous attendent, offrant tout le confort que vous méritez.

Quant à Québec, la capitale provinciale, elle vibre au rythme de son offre culturelle riche et de ses événements accueillant des visiteurs du monde entier, tout en préservant son charme historique inégalé. Ne manquez pas de visiter le Vieux-Québec, le cœur de la ville, considéré comme la cité fortifiée la mieux préservée au nord du Mexique. Ce quartier, riche de ses 400 ans d'histoire et d'architecture coloniale, est non seulement le centre historique et culturel de Québec, mais aussi le berceau de l'Amérique française. Flânez le long de la rue du Petit-Champlain, l'une des plus anciennes artères commerciales d'Amérique du Nord, et laissez-vous séduire par les trésors cachés de la vieille ville, entourée de fortifications et de remparts. Explorez le Vieux-Port avec ses boutiques et sa marina, et imprégnez-vous de l'atmosphère empreinte d'histoire des plaines d'Abraham et de la colline du Parlement.

Pour les amoureux de la nature, le Québec est un véritable paradis. Des forêts immenses, des montagnes majestueuses, des lacs et des rivières invitent à l'aventure. Que vous soyez adepte de randonnée, de canotage, de camping, ou même de croisières le long du fleuve Saint-Laurent, il y a ici quelque chose à découvrir pour chaque passionné de plein air, peu importe le niveau d'expérience ou la durée de votre séjour.

Et si l'aventure vous appelle, sachez que les Québécois, réputés pour leur hospitalité et leur fierté, seront toujours heureux de vous guider vers les trésors de leur région. Le Québec est une province où l'on se sent rapidement chez soi, grâce à l'accueil sincère de ses habitants, toujours prêts à partager les secrets de leur coin de paradis.

Alors, laissez-vous tenter : le Québec vous attend avec ses paysages grandioses, ses villes vibrantes et ses habitants chaleureux. Une aventure inoubliable vous y attend, en toute saison.

Bibliographie

Canadien, P. (2017b, August 15). *Québec*. Canada.ca. https://www.canada.ca/fr/patrimoine-canadien/services/symboles-provinciaux-territoriaux-canada/quebec.html#a1

Géographie du territoire québécois. (n.d.). Gouvernement Du Québec. https://www.quebec.ca/gouvernement/portrait-quebec/geographie-territoire/apercu

Bas-Saint-Laurent (région 01). (n.d.). Gouvernement Du Québec. https://www.quebec.ca/gouvernement/portrait-quebec/geographie-territoire/regions-administratives/bas-saint-laurent

Les phoques du parc national du Bic. (n.d.). Blogue De Conservation De Parcs Québec. https://www.sepaq.com/parcs-quebec/blogue/article.dot?id=e24557bc-0708-4bb8-83a8-fd89feacc47c

https://www.facebook.com/pn.monts.valin/posts/connaissez-vous-la-randonn%C3%A9e-des-pics-cest-lunique-parcours-de-randonn%C3%A9e-p%C3%A9destr/808509739251735/

Gagnon, M. (2024, May 8). Quoi faire au Saguenay – Lac-Saint-Jean au printemps. *VIA Rail*. https://www.viarail.ca/fr/blogue/quoi-faire-saguenay-lac-saint-jean-printemps

GrifGrafik. (n.d.). *Hébergement insolite : dormir avec les loups !* aventuraid.qc.ca. https://www.aventuraid.qc.ca/aventurequebecauberge

Accueil - Île d'Orléans. (2024, May 14). Île D'Orléans. https://tourisme.iledorleans.com/

Éditoriale, É. (n.d.). *14 activités hivernales à faire dans la région de Québec*. Visiter Québec. https://www.quebec-cite.com/fr/quoi-faire-quebec/activites-hiver

Éditoriale, É. (n.d.-b). *15 activités pour profiter des beaux jours du printemps*. Visiter Québec. https://www.quebec-cite.com/fr/quoi-faire-quebec/activites-printemps

Bouchard, J. (2023, March 13). 4 endroits à visiter pour profiter de la Capitale-Nationale. *Commission de la capitale nationale du Québec*. https://www.capitale.gouv.qc.ca/blogue/endroits-a-visiter-quebec-ete/

Éditoriale, É. (n.d.-c). *À la rencontre de la Nation huronne-wendat*. Visiter Québec. https://www.quebec-cite.com/fr/quoi-faire-quebec/experiences-autochtones

Carnaval de Québec. (n.d.). Visiter Québec. https://www.quebec-cite.com/fr/quoi-faire-quebec/evenements/carnaval-de-quebec

Festival Western de St-Tite. (2024, September 24). *Festival Western de St-Tite - Festival Country*. Festival Western De St-Tite. https://www.festivalwestern.com/

L'hiver en Mauricie : 12 activités hivernales originales et inusitées - Tourisme Mauricie. (n.d.). Tourisme Mauricie. https://tourismemauricie.com/blogue/lhiver-en-mauricie-12-activites-hivernales-originales-et-inusitees

Activités incontournables pour profiter du printemps en Mauricie - Tourisme Mauricie. (n.d.). Tourisme Mauricie. https://tourismemauricie.com/blogue/le-printemps-en-mauricie-20-activites-printanieres-incontournables

Observation Nature – Observation de l'ours noir - Tourisme Mauricie. (n.d.). Tourisme Mauricie. https://tourismemauricie.com/repertoire/observation-nature-observation-de-lours-noir-2#:~:text=Observation%20Nature%20%2D%20Observation%20de%20l'ours%20noir&text=Au%20coucher%20du%20soleil%2C%20de,%2C%20sinon%20c'est%20gratuit.

Olivia. (2022, November 26). *Parc National du Mont Orford - Horizon canada*. Horizon Canada. https://www.horizon-canada.com/2022/06/17/parc-national-du-mont-orford/

Astrolab du parc national du Mont-Mégantic. (2019, June 15). *Observatoire - Astrolab du parc national du Mont-Mégantic*. Astrolab Du Parc National Du Mont-Mégantic. https://www.astrolab.qc.ca/decouvrir-astronomie/observatoire/

Accueil - Abbaye de Saint-Benoît-du-Lac. (2024, October 12). Abbaye De Saint-Benoît-du-Lac. https://www.abbaye.ca/

12 façons de souligner le printemps dans les Cantons | Cantons-de-l'Est (Estrie). (n.d.). Tourisme Cantons-de-l'Est. https://www.cantonsdelest.com/article/1242/12-facons-de-souligner-le-printemps-dans-les-cantons

Admin. (2017, February 20). *Blog*. https://leambroise.com/index.php/2017/02/20/duis-sagitis-ipsum-prasent/

https://www.facebook.com/JardinBotaniqueMTL/photos/?_rd r

Salée, S. R. (2023, March 21). Voici 40 activités essentielles pour le printemps à Montréal. *Montréal Secret*. https://montrealsecret.co/bucket-list-printemps-mtl/

MONTRÉAL EN LUMIÈRE | 27 FÉVRIER AU 9 MARS 2025 | PROGRAMMATION GOURMANDE DÈS LE 20 FÉVRIER. (n.d.). MONTRÉAL EN LUMIÈRE | 27 FÉVRIER AU 9 MARS 2025 | PROGRAMMATION GOURMANDE DÈS LE 20 FÉVRIER. https://montrealenlumiere.com/fr

Formula 1 Grand Prix du Canada | Circuit Gilles Villeneuve. (n.d.). https://gpcanada.ca/

Omnium Banque Nationale - Tournoi de Tennis du Canada | Home page. (n.d.). https://omniumbanquenationale.com/

Tourisme Outaouais. (2024, October 26). *La chute de Luskville - Tourisme Outaouais*. https://www.tourismeoutaouais.com/attraits/la-chute-de-luskville/

De Montigny, P. (2024, October 28). *Les plus belles chutes de l'Outaouais au printemps*. Tourisme Outaouais. https://www.tourismeoutaouais.com/blogue/chutes-printemps-randonnees/

Tourisme Outaouais. (2024b, October 26). *Parc Oméga - Tourisme outaouais*. https://www.tourismeoutaouais.com/attraits/parc-omega/

Espaces. (n.d.). *10 activités hivernales à planifier lors d'un séjour en Outaouais*. Espaces. https://www.espaces.ca/articles/destinations/20523-10-activites-hivernales-a-planifier-lors-dun-sejour-en-outaouais

Fiche Membre - La Route des Explorateurs. (2018, August 16). La Route Des Explorateurs. https://www.route-des-explorateurs.ca/activite-attrait/parc-national-d-aiguebelle/200/

Pelchat, A. (2020, April 30). *Les incontournables de l'hiver en Abitibi*. Filles Du Nord. https://fillesdunord.ca/2019/03/16/les-incontournables-de-lhiver-en-abitibi/

Canada, P. (2023, May 17). *Le top 8 des activités en Abitibi-Témiscamingue | Parcours Canada*. Parcours Canada. https://www.parcourscanada.com/blogue/top-8-activites-abitibi-temiscamingue-canada/

Lang, D. (2023, August 4). *4 activités magiques en Côte-Nord*. Québec Le Mag. https://www.quebeclemag.com/4-activites-en-cote-nord/

Charlotte. (2019, July 2). *Artistes, à vos esquisses pour le barrage Daniel-Johnson - Le Manic*. Le Manic. https://www.lemanic.ca/2019/07/04/artistes-a-vos-esquisses-pour-le-barrage-daniel-johnson/

Ccdmd. (n.d.). *Arc-en-ciel | Le monde en images.* https://monde.ccdmd.qc.ca/ressource/?id=35985&demande =desc

https://www.hydroquebec.com/visites-installations/visites-grand-public/

Yolande, F. (2024, April 24). *Tourisme Gaspésie - Guide, Photos, Attractions [L'echo de la Baie].* Tourisme Gaspésie. https://www.lechodelabaie.ca/

Go, A. &. M. O. T. (2021, August 9). *4 activités originales à faire en Gaspésie cet été [2021].* Productions on the GO. https://www.alexmjonthego.com/blog-on-the-go/4-activites-originales-en-gaspesie

Chaudière-Appalaches, T. (n.d.). *Le Meilleur de l'Hiver.* Tourisme Chaudière-Appalaches. https://chaudiereappalaches.com/fr/le-meilleur-de-lhiver/

Chaudière-Appalaches, À Vivre pour Vrai - Photos. (n.d.). Société Des Attractions Touristiques Du Québec. https://www.quebecvacances.com/tourisme-chaudiere-appalaches_photo

https://fr.tripadvisor.ca/Attraction_Review-g6000533-d5999893-Reviews-Station_Touristique_Massif_du_Sud-Saint_Philemon_Chaudiere_Appalaches_Quebec.html

Chaudière-Appalaches, T. (n.d.-a). *3 cabanes à sucre pour goûter l'érable !* Tourisme Chaudière-Appalaches. https://chaudiereappalaches.com/fr/top-idees/article/cabanes-sucre-pour-gouter-lerable/

Du Canada, A. P. C. G. (2024, October 16). *Parc national des Mille-Îles.* https://parcs.canada.ca/pn-np/on/1000

https://fr.tripadvisor.ca/Attraction_Review-g155029-d628261-Reviews-Nature_Centre_Le_Centre_de_la_nature-Laval_Quebec.html https://fr.tripadvisor.ca/Attraction_Review-g155029-d2259053-Reviews-Le_Cosmodome-Laval_Quebec.html

Quoi faire cet hiver à Laval: des idées pour toute la famille. (2022, December 30). Ma Banlieue. https://mabanlieue.ca/2022/12/30/quoi-faire-cet-hiver-a-laval-des-idees-pour-toute-la-famille/

illumi Laval par Cavalia – Site officiel. (n.d.). https://laval.illumi.com/

Lanaudière, T. (n.d.). *L'automne dans Lanaudière | Tourisme Lanaudière.* Tourisme Lanaudière. https://lanaudiere.ca/fr/automne/

Parcs régionaux de la MRC de Matawinie. (2024, October 7). *Parc régional de la Forêt Ouareau - Parcs régionaux de la MRC de Matawinie.* Parcs Régionaux De La MRC De Matawinie. https://parcsregionaux.org/parc/parc-regional-de-la-foret-ouareau/

Hébergement les pieds sur terre. Dormir dans une bulle sous les étoiles à 45 minutes de Montreal. (n.d.). Les Pieds Sur Terre. https://www.hebergementlespiedssurterre.com/

Boumeftah, F. (2020, November 12). *12 activités extérieures à faire dans Lanaudière pour profiter pleinement de l'hiver.* https://www.noovomoi.ca/voyager/destinations/article.activites-hiver-lanaudiere.1.13932896.html

Invité, R. (2024, March 21). *Vacances dans Lanaudière : 7 activités familiales originales cet été.* Vifa Magazine. https://vifamagazine.ca/bouger/quoi-faire/10-activites-a-faire-dans-lanaudiere-cet-ete/

Laurentides, T. (2022, September 28). *Quoi faire du 30 septembre au 2 octobre 2022 dans les Laurentides?* Tourisme Laurentides. https://blogue.laurentides.com/blog/quoi-faire-du-30-septembre-au-2-octobre-2022-dans-les-laurentides/

Bouthillette, D. (2023, October 3). *9 activités hivernales dans les Laurentides pour tous les goûts*. Spa Laurentides Par Excellence. https://beauxreves.com/blogue/activites/9-activites-hivernales-dans-les-laurentides-pour-tous-les-gouts/

Numérique, A. a.-. W. &. (n.d.). *9 activités pour profiter du printemps | Tourisme Basses-Laurentides | Tourisme Basses-Laurentides*. https://www.basseslaurentides.com/blogue/c-est-le-printemps-tout-le-monde-dehors

Passion chalets. (2024, July 4). 30 activités à faire dans les Laurentides. *Passion Chalets*. https://passionchalets.com/news/nouvelles/30-activites-a-faire-dans-les-laurentides/

Passion chalets. (2024b, July 4). 30 activités à faire dans les Laurentides. *Passion Chalets*. https://passionchalets.com/news/nouvelles/30-activites-a-faire-dans-les-laurentides/

Invité, R. (2022, August 31). *9 activités à faire en Montérégie cet automne*. Vifa Magazine. https://vifamagazine.ca/bouger/quoi-faire/9-activites-a-faire-en-monteregie-cet-automne/

Mag, M. (2022, May 8). Sortie en Montérégie au printemps. *Marysolmag*. https://www.marysolmag.com/post/sortie-en-monteregie-au-printemps

Tourisme Montérégie. (2024, April 16). *Parc Safari | Tourisme Montérégie*. https://www.tourisme-monteregie.qc.ca/membre/parc-safari/?season=summer&_gl=1*4a6ehp*_up*MQ..*_ga*MTYwOTc0MDE5OC4xNzMwMDYyMTUx*_ga_X5N6VWRGGF*MTczMDA2MjE1MS4xLjAuMTczMDA2MjE1MS4wLjAuNDU0MzU4NDAy

Tourisme Montérégie. (2024b, April 16). *Statera - L'archipel fabuleux | Tourisme Montérégie*. https://www.tourisme-monteregie.qc.ca/membre/statera-l-archipel-fabuleux/?season=summer&_gl=1*1i5kn4q*_up*MQ..*_ga*

MTY0NjUzNTIxMi4xNzMwMDYyMjQw*_ga_X5N6VWRGGF*M
TczMDA2MjI0MC4xLjEuMTczMDA2MjI1MC4wLjAuODA0NDI5
ODE1

https://www.facebook.com/Tourismecentreduquebec/photos
/

Invité, R. (2024a, January 10). *5 incontournables de l'automne
au Centre-du-Québec.* Vifa Magazine.
https://vifamagazine.ca/bouger/quoi-faire/3-activites-a-faire-
au-centre-du-quebec/

Plein air à la carte. (n.d.). *Nature et activités plein air au Centre-
du-Québec.* Plein Air À La Carte.
https://www.pleinairalacarte.com/qc/centre-du-quebec/

Le Village Québécois d'Antan. (n.d.). TCDQ.
https://www.tourismecentreduquebec.com/fr/activites/le-
village-quebecois-dantan.aspx